MINISTÈRE DE LA GUERRE

ÉCOLE DE SOUS-OFFICIERS

DE

L'ARTILLERIE ET DU GÉNIE

DÉCRET D'ORGANISATION ET PROGRAMMES

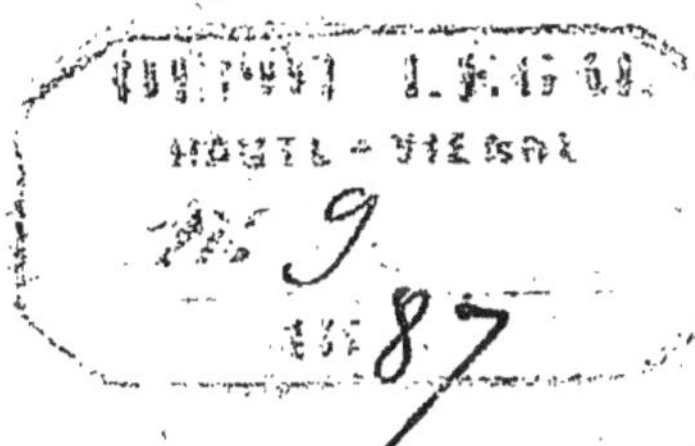

PARIS || **LIMOGES**
11, place Saint-André-des-Arts || 46, Nouvelle route d'Aixe, 46

IMPRIMERIE, LIBRAIRIE ET PAPETERIE MILITAIRES

Henri CHARLES-LAVAUZELLE

ÉDITEUR

1887

MINISTÈRE DE LA GUERRE

ÉCOLE DE SOUS-OFFICIERS

DE

L'ARTILLERIE ET DU GÉNIE

DÉCRET D'ORGANISATION ET PROGRAMMES

PARIS
11, place Saint-André-des-Arts

LIMOGES
46, Nouvelle route d'Aixe, 46

IMPRIMERIE, LIBRAIRIE ET PAPETERIE MILITAIRES

HENRI CHARLES-LAVAUZELLE

ÉDITEUR

1887

ÉCOLE DE SOUS-OFFICIERS

L'ARTILLERIE ET DU GÉNIE

Décret du 4 novembre 1886 réorganisant l'Ecole militaire de l'artillerie et du génie.

Le Président de la République française,

Vu les décrets des 10 janvier et 26 mai 1884, portant règlement sur l'organisation de l'Ecole de sous-officiers de l'artillerie et du génie, et de la division du train des équipages militaires annexée à cette Ecole ;

Considérant qu'il importe d'apporter dans la constitution et dans le fonctionnement de cette institution les modifications dont l'expérience a fait reconnaître la nécessité ;

Sur le rapport du Ministre de la Guerre,

Décrète :

TITRE PREMIER.

BUT DE L'INSTITUTION DE L'ÉCOLE. — SON RECRUTEMENT.

Art. 1er. L'Ecole de sous-officiers, instituée à Versailles, a pour but de compléter l'instruction des sous-officiers reconnus susceptibles d'être nommés sous-lieutenants d'artillerie et du génie.

Elle prend le nom d'Ecole militaire de l'artillerie et du génie.

Une division spéciale du train des équipages militaires est annexée à l'Ecole ; elle reçoit les sous-officiers reconnus susceptibles d'obtenir le grade de sous-lieutenant dans cette arme.

En temps de paix, nul sous-officier ne peut être promu sous-lieutenant dans l'artillerie, dans le génie ou dans le train des équipages militaires, s'il n'a suivi avec succès les cours de la division de son arme et satisfait aux épreuves de sortie dont les programmes sont arrêtés par règlements ministériels.

Art. 2. Indépendamment des sous-officiers de l'armée de terre, régulièrement désignés, l'Ecole peut recevoir, sur la demande du Ministre de la Marine, des sous-officiers de l'artillerie de la marine.

Conditions d'admission.

Art. 3. Nul sous–officier ne peut être admis à l'Ecole s'il n'a accompli au moins deux ans de grade le 31 décembre de l'année de la proposition.

Les sous-officiers qui seraient libérables pendant la durée de leur séjour à l'Ecole devront, avant d'y entrer, souscrire un nouvel engagement.

Art. 4. Les candidats régulièrement proposés par leur inspecteur général pour entrer à l'Ecole, y sont admis à la suite d'un concours, dont les conditions sont distinctes pour chacune des trois divisions de l'artillerie, du génie et du train des équipages militaires.

Art. 5. Ne peuvent concourir pour la division de l'artillerie, ou pour celle du génie, que des sous-officiers de ces deux armes respectives.

Les sous-officiers de la cavalerie, de l'artillerie et des sapeurs conducteurs du génie, sont autorisés à concourir avec les sous-officiers du train des équipages militaires pour la division de cette arme ; toutefois, le tiers des admissions, au minimum, est réservé à ces derniers sous-officiers.

Désignation par le Ministre du nombre des élèves admis.

Art. 6. Le Ministre fixe tous les ans, suivant les besoins du service, le nombre des élèves à admettre à l'Ecole dans chacune des trois divisions de l'artillerie, du génie et du train des équipages militaires.

Rang, tenue, armement et équipement des élèves.

Art. 7. Les sous-officiers admis à l'Ecole prennent la dénomination de *sous-officiers élèves-officiers* ; ils sont remplacés dans les emplois spéciaux (adjudant, maréchal des logis chef ou sergent-major, fourrier, sous-chef artificier, etc.) dont ils étaient pourvus dans leur corps et placés comme maréchaux des logis ou sergents dans une batterie ou compagnie ; ils peuvent même être mis hors cadre sur l'ordre du Ministre.

Les sous-officiers de la cavalerie, de l'artillerie et des sapeurs conducteurs admis dans la division du train des équipages militaires passent, avec le grade de maréchal des logis, dans un corps de troupe de cette arme, désigné par le Ministre; ils pourront être également mis hors cadre.

La tenue, l'armement et l'équipement des sous-officiers élèves-officiers sont déterminés par un règlement ministériel.

Les sous-officiers élèves-officiers doivent le salut aux officiers; ils y ont droit de la part de tous les sous-officiers (sauf les adjudants) et des caporaux, brigadiers et soldats.

Ils jouissent, en dehors de l'Ecole, des droits et prérogatives conférés aux adjudants par les décrets du 28 décembre 1883 portant règlement sur le service intérieur des corps de troupe.

TITRE II.

PERSONNEL DE L'ÉCOLE. — PERSONNEL DES CADRES DE L'ÉCOLE.

Art. 8. Le commandement et la direction de l'Ecole sont confiés à un colonel ou à un lieutenant-colonel d'artillerie. Il a sous ses ordres un chef de bataillon du génie, commandant en second.

L'autorité du commandant de l'Ecole s'étend sur toutes les parties du service, de l'instruction et de l'administration.

Le commandant de l'Ecole est sous les ordres directs du Ministre.

Le commandant en second est chargé, sous les ordres du commandant de l'Ecole, de toutes les parties du service; il remplit les fonctions de directeur des études.

Un capitaine d'artillerie est chargé de l'instruction théorique et pratique, de la tenue et de la discipline; il a sous ses ordres des lieutenants instructeurs.

L'enseignement est donné aux sous-officiers élèves-officiers par des professeurs militaires ou civils.

Le capitaine professeur du cours d'administration remplit les fonctions de major; un lieutenant d'artillerie ou du génie remplit les fonctions de trésorier; un garde d'artillerie ou un adjoint du génie celles de comptable du matériel.

Un médecin-major de 2e classe est chargé du service sanitaire de l'Ecole.

Un personnel secondaire, composé de sous-officiers, brigadiers, caporaux et soldats, est employé soit à l'instruction militaire des élèves, soit à la tenue des écritures, et aux divers services intérieurs de l'Ecole.

Ce personnel est mis hors cadre.

La composition de ces divers personnels (officiers, troupe, professeurs civils) est déterminée par les tableaux A et B annexés au présent décret.

Un détachement de la 5e compagnie de cavaliers de remonte

est affecté au service de l'Ecole; sa composition est déterminée par le tableau C annexé au présent décret.

Tout le personnel (officiers, professeurs civils et troupe) est nommé par le Ministre.

TITRE III.

ENSEIGNEMENT. — PROGRAMMES.

Art. 9. Les sous-officiers élèves-officiers reçoivent à l'Ecole une instruction générale et une instruction militaire.

La première a pour but de développer les connaissances générales qu'ils possèdent déjà, de façon à leur donner la culture intellectuelle indispensable à tout officier.

L'instruction militaire est dirigée de façon à leur faire acquérir l'aptitude nécessaire pour bien remplir les fonctions d'officier d'artillerie, du génie ou du train des équipages militaires.

Cette instruction est à la fois théorique et pratique.

Les programmes détaillés de l'enseignement donné à l'Ecole seront arrêtés par le Ministre.

Conseil d'instruction.

Art. 10. Il est constitué à l'Ecole un conseil d'instruction composé ainsi qu'il suit :

Le commandant de l'Ecole.................. *Président.*

Le commandant en second, directeur des études......................................
Deux officiers supérieurs pris dans les régiments d'artillerie et du génie, et moins anciens que le commandant de l'Ecole...
Le capitaine d'artillerie instructeur........ *Membres.*
Un capitaine d'artillerie professeur....................... renouvelés
Un capitaine du génie professeur........ tous les ans.
seur...................................

Ce conseil est appelé à émettre son avis sur tout ce qui concerne les méthodes d'instruction et le service intérieur de l'Ecole ; il provoque les améliorations qui lui paraisssent utiles, et propose les modifications à apporter aux programmes d'admission, d'enseignement et de sortie.

Durée des cours.

Art. 11. L'ouverture des cours a lieu, chaque année, le 1er avril ; leur clôture, à la fin de février de l'année suivante.

TITRE IV.

RÉGIME. — POLICE. — DISCIPLINE.

Régime.

Art. 12. Sous le rapport de la police et de la discipline, l'Ecole est soumise au même régime que les corps de troupe, sauf les dispositions spéciales déterminées par le règlement ministériel sur le service intérieur de l'Ecole.

Conseil de discipline.

Art. 13. Un conseil de discipline est institué pour se prononcer sur le compte des élèves qui, par des fautes graves, par leur inconduite habituelle, ou leur manque de travail, se mettraient dans le cas d'être exclus de l'Ecole.

Le conseil de discipline est composé de cinq membres, savoir :

Le commandant de l'Ecole.................. *Président.*

Le commandant en second...............⎫
Le capitaine d'artillerie instructeur.... ..⎪
Le capitaine d'artillerie, professeur le plus ⎬ *Membres.*
   ancien........... ....⎪
Le capitaine de génie, professeur le plus an-⎪
   cien..............................⎭

L'exclusion est prononcée par le Ministre, sur la proposition du conseil de discipline.

Le sous-officier élève officier dont l'exclusion est prononcée est immédiatement dirigé sur un corps de troupe de son arme, où il rentre comme maréchal des logis ou sergent.

TITRE V.

ADMINISTRATION ET COMPTABILITÉ DE L'ÉCOLE.

Conseil d'administration.

Art. 14. L'Ecole est administrée par un conseil composé ainsi qu'il suit :

Le commandant de l'Ecole.................. *Président.*

Le commandant en second...............⎫
Le capitaine professeur d'administration, ⎪
   faisant fonctions de major ....⎪
Un capitaine instructeur d'ar-⎱ renouvelés ⎬ *Membres.*
   tillerie ou du génie........⎰ tous les ans.⎪
Un des capitaines professeurs.⎰   ⎪
Le lieutenant trésorier......................⎭

Le garde d'artillerie ou l'adjoint du génie
   comptable du matériel.................. *Secrétaire.*

Mode d'administration.

Art. 15. Le mode d'administration et de comptabilité de l'Ecole est celui que détermine le décret du 30 mai 1875.

Les officiers du cadre reçoivent les allocations en deniers prévues par les tarifs du 31 décembre 1878, et les hommes de troupe du cadre, celles prévues par les tarifs du 25 décembre 1875.

Les sous-officiers élèves-officiers reçoivent une solde unique fixée à 2 francs par jour. Ceux d'entre eux qui sont rengagés ont droit, indépendamment des autres allocations réglementaires, à une indemnité pour résidence dans Paris, fixée à 50 centimes.

TITRE VI.

EXAMENS DE SORTIE. — CLASSEMENT.

Examens de sortie de fin d'année.

Art. 16. A la fin de leur année d'études, les sous-officiers élèves officiers subissent des examens de sortie devant un jury dont les membres sont désignés par le Ministre et qui est composé ainsi qu'il suit :

Un général de brigade de l'artillerie et du génie. *Président.*

Un colonel ou lieutenant-colonel d'un régiment d'artillerie. ....

Un colonel ou lieutenant-colonel d'un régiment du génie. .... *Membres.*

Un capitaine d'artillerie, examinateur. ....

Un capitaine du génie, examinateur.... ....

Le jury s'assemble à l'époque fixée par le Ministre de la Guerre.

Classement par ordre de mérite.

Art. 17. Un règlement ministériel fixe la valeur relative des divers éléments qui doivent entrer dans le classement définitif des élèves.

Le jury établit ce classement par ordre de mérite, séparément pour les sous-officiers élèves de chaque arme, d'après les résultats des examens et les notes de l'année.

Le classement est ensuite envoyé au Ministre de la Guerre par le président du jury.

Elèves ayant satisfait aux examens de sortie.

Art. 18. Tous les sous-officiers élèves-officiers qui ont satisfait

aux examens de sortie sont promus sous-lieutenants dans l'arme
à laquelle ils appartiennent.

Leur numéro de classement de sortie détermine leur rang d'ancienneté dans le grade de sous-lieutenant.

Élèves n'ayant pas satisfait aux examens de sortie.

Art. 19. Les sous-officiers élèves-officiers, qui n'ont pas satisfait aux épreuves de sortie, seront renvoyés dans leurs corps et
pourvus du grade qu'ils avaient avant leur entrée à l'Ecole.

Ceux d'entre eux qui auraient une interruption forcée de travail de plus de trente jours consécutifs, peuvent être autorisés
par le Ministre, à titre exceptionnel, sur la proposition du conseil
d'instruction et d'après l'avis du jury d'examen, à faire une
deuxième année d'études avec la promotion suivante et à concourir avec elle.

Dans aucun cas, un élève ne pourra rester plus de deux années
à l'Ecole.

TITRE VII.

DISPOSITIONS GÉNÉRALES.

Art. 20. Des règlements ministériels déterminent les dispositions de détail que comportent l'admission des élèves, le service
intérieur de l'établissement, la marche de l'instruction et le classement de sortie de l'Ecole.

Art. 21. Le présent décret annule et remplace les décrets des
10 janvier et 26 mai 1884, portant organisation de l'Ecole de
sous-officiers de l'artillerie et du génie et de la division du train
des équipages militaires annexée à cette Ecole.

Toutes les dispositions qui lui sont contraires sont et demeu-
rent abrogées.

Art. 22. Le Ministre de la Guerre est chargé de l'exécution du
présent décret.

Fait à Paris, le 4 novembre 1886.

Signé : JULES GRÉVY.

Par le Président de la République :

Le Ministre de la Guerre,

Signé : Gal BOULANGER.

TABLEAUX

Fixant la composition du personnel de l'Ecole.

TABLEAU A.

OFFICIERS.

Colonel ou lieutenant-colonel d'artillerie commandant l'Ecole	1	
Chef de bataillon du génie commandant en second...	1	
Capitaine d'artillerie instructeur...................	1	
Lieutenants { d'artillerie, instructeurs, dont un instructeur d'équitation..................	3	
Lieutenants { du génie, instructeur	1	
Lieutenant d'artillerie ou du génie, trésorier..........	1	16
Médecin-major de 2e classe	1	
Garde d'artillerie ou adjoint du génie, comptable du matériel	1	
Professeurs. { Capitaine d'artillerie.................	1	
Professeurs. { Capitaines d'artillerie ou lieutenants adjoints.....................	2	
Professeurs. { Capitaines du génie.................	2	
Professeurs. { Capitaine du génie ou lieutenant adjoint	1	
Professeurs civils..............................		2
Total..................		18

TABLEAU B.

Adjudants.. { Maître d'escrime	1	
Adjudants.. { Sous-instructeurs (l'un deux remplira en même temps les fonct. de vaguem.).	2	3
Sergent maître d'escrime.........................		1
Brigadiers ou caporaux { Maître adjoint d'escrime.............	1	
Brigadiers ou caporaux { Maître maréchal ferrant.............	1	2
Soldats .... { Trompettes.................	2	
Soldats .... { Perruquier.................	1	
Soldats .... { Aide-maréchal ferrant.............	1	
Soldats .... { Ouvrier armurier.............	1	23
Soldats .... { Ouvriers tailleurs.............	2	
Soldats .... { Ouvriers cordonniers.	2	
Soldats .... { Ouvriers selliers.................	2	
Soldats .... { Employés divers	12	
Total		29

TABLEAU C.

DÉTACHEMENT DE LA 5e COMPAGNIE DE CAVALIERS DE REMONTE.

Maréchal des logis...	1	
Fourrier...	1	30
Brigadiers...	3	
Cavaliers...	25	
Chevaux de manège ou de carrière......................		60

Instruction du 4 novembre 1886 pour l'admission à l'Ecole militaire de l'artillerie et du génie.

RÈGLES CONCERNANT LES PROPOSITIONS POUR L'ADMISSION AU CONCOURS.

Art. 1er. Chaque année, à l'inspection générale, les chefs de corps ou de service peuvent proposer, pour subir les examens d'admission, les sous-officiers des batteries ou compagnies sous leurs ordres, qui auront au moins deux ans de grade au 31 décembre de l'année courante, et qu'ils jugent aptes à devenir officiers.

Les candidats appartenant au cadre fixe des Ecoles militaires sont proposés par les commandants de ces Ecoles.

Art. 2. Il est établi, pour chacun de ces sous-officiers, un mémoire de proposition spécial, conforme au modèle annexé au livret d'inspection. Ce mémoire est annoté successivement par le chef de corps ou de service, le général de brigade et l'inspecteur général.

Chacun d'eux résume son opinion dans une seule cote numérique, dite « Note d'ensemble », représentée par un nombre entier pris dans l'échelle de 0 à 20, et qualifiant à la fois la tenue, la conduite, la capacité et l'aptitude au commandement du candidat :

    5 représentant la note.................... *Faible.*
    10   —   .... *Passable.*
    15   —   .... *Bien.*
    20   —   .... *Parfait.*

Le mémoire de proposition est accompagné :

1° Du relevé des services ;

2° Du relevé des punitions depuis l'entrée au service ;

3° De l'acte de naissance du candidat, s'il est proposé pour la première fois ;

4° De l'extrait du casier judiciaire, et, s'il y a lieu, du certificat d'option pour la nationalité française.

ÉPREUVES PRÉLIMINAIRES D'INSTRUCTION GÉNÉRALE.

Art. 3. Le concours d'admission est précédé d'épreuves d'instruction générale ayant pour but d'éliminer les candidats qui ne posséderaient pas des connaissances scientifiques et littéraires suffisantes.

Ces épreuves consistent en compositions écrites.

Nul ne peut être admis aux épreuves du concours s'il n'a pas satisfait à ces épreuves préliminaires.

Art. 4. Dans les premiers jours de l'année qui suit leur proposition, les candidats sont convoqués par région de corps d'armée, pour subir les épreuves écrites, à l'Ecole d'artillerie, excepté dans les 1re et 16e régions, où les candidats du génie feront leurs compositions à l'Ecole régimentaire de cette arme. Ils doivent y être rendus la veille du jour fixé pour ces épreuves, et sont placés en subsistance dans l'un des corps de la garnison.

Les compositions sont surveillées par des officiers d'artillerie ou du génie, du grade de capitaine, au nombre de deux au moins, désignés par MM. les généraux commandant les corps d'armée, de manière que les deux armes soient toujours représentées dans les lieux d'examen où se trouvent des candidats de l'une et de l'autre arme. Chacun de ces officiers reçoit un exemplaire d'une instruction spéciale concernant sa mission.

Les sujets des compositions et les imprimés nécessaires sont envoyés, sous plis cachetés, par le Ministre, aux commandants de corps d'armée, qui les font parvenir aux directeurs des Ecoles chargés de les remettre aux officiers surveillants. Ces sujets sont tirés du programme du cours préparatoire des Ecoles régimentaires.

Les compositions écrites comprennent :

1° Une dictée (la ponctuation ne sera pas dictée aux candidats);

2° Une composition française ;

3° Une composition d'histoire et de géographie ;

4° Une composition d'arithmétique ;

5° Une composition d'algèbre ;

6° Une composition de géométrie ;

7° Une composition de trigonométrie et de topographie ;

8° Un dessin linéaire (épure de géométrie descriptive, dessin de matériel ou de fortification, etc.).

Art. 5. Chaque sujet de composition est renfermé dans une enveloppe cachetée, qui est ouverte par l'un des officiers surveillants en présence des candidats, au moment où ils sont réunis pour subir l'épreuve à laquelle le sujet se rapporte.

Le procès-verbal de la séance devra constater si le cachet était intact.

Art. 6. Toutes les compositions sont faites sur des feuilles à tête imprimée. Ces feuilles sont délivrées aux sous-officiers au commencement de la séance, et revêtues alors de la signature de l'un des officiers chargés de la surveillance. Chaque candidat, en la recevant, appose son nom sur la tête imprimée et signe à l'endroit indiqué sur cette tête, avant de remettre la composition à l'officier.

Art. 7. Il est accordé au candidat :

1° Pour relire la dictée...................... 1/4 d'heure.
2° Pour la composition française............ 4 heures.
3° Pour la composition d'histoire et de géographie............................... 4 —
4° Pour la composition d'arithmétique...... 4 —
5° Pour la composition d'algèbre........... 4 —
6° Pour la composition de géométrie........ 4 —
7° Pour la composition de trigonométrie et de topographie...................... 4 —
8° Pour le dessin linéaire................. 4 —

Art. 8. A l'expiration du temps accordé pour chaque composition, les candidats remettent leur travail, séance tenante, à l'un des officiers surveillants.

Tout candidat qui ne remet pas l'une quelconque des compositions, ou qui ne se présente pas à l'une des épreuves, est, par cela même, exclu du concours ; mais les compositions inachevées n'entraînent pas l'exclusion.

Art. 9. Toutes les compositions sont adressées, le jour même, directement, au Ministre de la Guerre, réunies dans une grande et solide enveloppe, portant en suscription l'indication de son contenu, scellée par les officiers surveillants, et contre-signée de leurs noms.

Art. 10. Les compositions sont soumises au jugement d'une commission de correcteurs nommée par le Ministre de la Guerre.

Art. 11. Avant que les compositions des candidats soient remises aux correcteurs, la partie de chacune des feuilles sur laquelle se trouve le nom et la signature du candidat est détachée.

Les noms sont remplacés par des numéros d'ordre.

Les parties enlevées restent sous scellés.

Art. 12. Les compositions sont cotées par les correcteurs, d'un numéro de mérite compris dans l'échelle de 0 à 20. Toute note inférieure à 14 pour la dictée et à 6 pour les autres compositions, détermine à elle seule l'exclusion, qui atteint également tout candidat convaincu de fraude.

La cote donnée à une composition est portée sur la composition même.

Art. 13. Les corrections terminées, la commission renvoie au

Ministre les compositions qui ont été soumises à son appréciation, en y joignant un tableau indiquant, en regard de leur numéro d'ordre, la cote attribuée à chacune d'elles, et la moyenne de toutes ces cotes. Ce tableau est établi par ordre de mérite, en prenant pour base la valeur des cotes moyennes.

Art. 14. Sont seuls déclarés « admissibles » au concours proprement dit, les candidats qui ont obtenu une cote moyenne minimum de 13, pour l'ensemble de leurs compositions.

Art. 15. — Les noms des candidats « admissibles » sont adressés à MM. les généraux commandant les corps d'armée desquels ils relèvent, qui les notifient aux chefs de corps ou de service intéressés.

CONCOURS.

Art. 16. Le classement définitif des candidats admis au concours a uniquement pour base leur valeur militaire, constatée par leurs chefs hiérarchiques et par une Commission chargée d'examiner leur instruction professionnelle, théorique et pratique.

Art. 17. Deux commissions spéciales opérant, l'une pour l'artillerie, l'autre pour le génie, sont chargées de faire subir ces dernières épreuves.

Chacune de ces commissions se compose de trois membres nommés par le Ministre, savoir :

Un colonel ou lieutenant-colonel, *président;* deux chefs d'escadron ou de bataillon, *membres.*

Art. 18. Les épreuves portent sur les matières indiquées dans les bases générales de l'instruction de chaque arme, comme devant être possédées par les sous-officiers.

Pour l'artillerie, le résultat de ces épreuves sera traduit par trois notes correspondantes :

La 1re aux manœuvres de la subdivision d'armes ;

La 2e au cours spécial ;

La 3e aux règlements.

Pour le génie :

La 1re aux manœuvres de compagnies et subdivisions ;

La 2e à l'instruction spéciale ;

La 3e aux règlements.

Tous les candidats, indistinctement, doivent savoir monter à cheval.

Art. 19. La commission de l'artillerie siège d'abord à Versailles et se transporte successivement à Bourges, Toulouse et Rennes.

Celle du génie opère à la portion centrale de chacun des quatre régiments de l'arme.

Sont convoqués : à Versailles, les candidats de l'artillerie stationnés dans le gouvernement militaire de Paris et sur le territoire des 1er, 2e, 3e, 5e et 6e corps d'armée ;

A Bourges, les candidats stationnés dans le gouvernement militaire de Lyon, sur le territoire des 7e, 8e, 13e, 14e, 15e, 19e corps d'armée et sur celui de la Tunisie ;

A Toulouse, les candidats stationnés sur le territoire des 12e, 16e, 17e et 18e corps d'armée ;

A Rennes, les candidats stationnés sur le territoire des 4e, 9e, 10e et 11e corps d'armée.

Les candidats du génie sont convoqués au lieu de garnison de leur régiment.

Le Ministre fait connaître en temps opportun la date à laquelle doivent commencer les examens dans chacun des centres indiqués ci-dessus.

Les candidats de l'artillerie sont placés en subsistance dans un des corps de la garnison pendant la durée des examens.

Art. 20. Le tour d'examen des sous-officiers admis aux épreuves orales est déterminé dans chaque centre par voie de tirage au sort.

La veille de chaque séance, le président de la Commission d'examen fait afficher la liste des candidats qui peuvent être interrogés dans la séance suivante ; ceux d'entre eux qui, sans motifs valables, dont la Commission est juge, ne se présentent pas lorsqu'ils sont appelés, sont exclus du concours, sans préjudice des peines disciplinaires qu'ils auraient encourues.

Les chevaux à affecter à chacun des candidats sont également désignés par la voie du sort, sur l'ensemble de ceux mis à la disposition des commissions, conformément aux dispositions de l'article 21 ci-après.

Art. 21. Sur la demande des présidents des commissions, les commandants d'armes mettent à leur disposition, dans chaque centre d'examen, le nombre d'hommes et de chevaux et le matériel nécessaires. Ils désignent les locaux et terrains à affecter aux examens d'instruction théorique et pratique.

Art. 22. L'entrée des salles d'examen est interdite au public ; elle est facultative pour les candidats et pour les officiers en uniforme.

Art. 23. Chacun des membres des commissions donne aux candidats, dans les diverses parties sur lesquelles ils ont été examinés, une cote numérique entière, comprise entre 0 et 20. La moyenne de ces cotes, en nombre rond, représente la note attribuée aux candidats dans les diverses matières. Elle est multipliée par le coefficient correspondant (article 25).

Art. 24. Immédiatement après la clôture des opérations dans

chaque centre, le président en fait connaître les résultats au Ministre.

Art. 25. Les coefficients attribués aux divers éléments d'appréciation sont ainsi fixés :

ARTILLERIE.

Note d'ensemble.	Note du chef de corps ou de service.	6	24
	Note du général de brigade......	8	
	Note de l'inspecteur général......	10	
	Manœuvres......................	10	20
	Cours spécial....................	6	
	Règlements.....................	4	

GÉNIE.

Note d'ensemble.	Note du chef de corps ou de service.	6	24
	Note du commandant du génie de la région.....................	8	
	Note de l'inspecteur général......	10	
	Manœuvres......................	8	20
	Instruction spéciale.............	8	
	Règlements.....................	4	

Pour les candidats qui, par suite de leur situation, ne pourraient être l'objet que de deux notes (celles du chef de corps ou de service et de l'inspecteur général), le coefficient 8 sera reporté par moitié sur les deux autres, qui deviennent ainsi respectivement 10 (note du chef de corps ou de service) et 14 (note de l'inspecteur général).

Art. 26. Des majorations de points seront accordées aux sous-officiers qui se trouveront dans un ou plusieurs des cas suivants :

Toute année complète de grade de sous-officier, à la date du 31 décembre de l'année de la proposition, en excédent des deux années exigées, donne droit à une majoration de 10 points.

Cette majoration ne peut, dans aucun cas, être supérieure à 50 points.

Toute campagne, toute blessure reçue à l'ennemi, toute citation, donne droit à une majoration de 10 points. Les campagnes sont toujours comptées simples ; plusieurs blessures reçues dans une même affaire comptent pour une seule.

Tout sous-officier médaillé a droit à une majoration de 20 points.

Tout sous-officier décoré de la Légion d'honneur a droit à une majoration de 40 points.

Tout sous-officier rengagé pour deux ans a droit à une majoration de 25 points.

Tout sous-officier rengagé pour cinq ans a droit à une majoration de 50 points.

Tout sous-officier qui, au moment du concours, a occupé un des emplois ci-après :

Maréchal des logis ou sergent, 1er secrétaire du trésorier,

Maréchal des logis ou sergent, secrétaire de l'officier d'habillement,

Maréchal des logis chef, ou sergent-major,

Maréchal des logis dans une compagnie d'ouvriers,

Maréchal des logis dans une compagnie d'artificiers,

a droit aux majorations suivantes :

Pour une année complète...................... 25 *points*.

Pour chacune des années suivantes complète.... 10 *points*.

Art. 27. Le classement des candidats est déterminé par le nombre total des points obtenus :

1° pour la note d'ensemble,

2° pour les épreuves d'instruction professionnelle,

3° pour les majorations prévues à l'article 26.

Il est fait séparément pour chacune des armes : artillerie, génie.

A égalité de points, l'ancienneté dans le grade de sous-officier donne la priorité.

Art. 28. Le Ministre de la Guerre fixe chaque année le nombre des sous-officiers à admettre définitivement à l'Ecole, d'après l'ordre de classement La liste définitive d'admission, établie par arme et par ordre de mérite, est publiée dans le *Journal officiel* et adressée à MM. les généraux gouverneurs militaires et commandants de corps d'armée, qui les notifient aux chefs de corps ou de service intéressés.

DISPOSITIONS SPÉCIALES

A LA DIVISION DU TRAIN DES ÉQUIPAGES MILITAIRES.

Art. 29. Les dispositions de la présente instruction sont applicables aux sous-officiers qui désirent être admis dans la division du train des équipages militaires, avec les modifications suivantes :

Art. 30. Sont dispensés des épreuves écrites d'instruction générale les sous-officiers pourvus du diplôme du baccalauréat de l'enseignement secondaire spécial, ou du diplôme complet de bachelier ès-lettres ou ès-sciences.

Art. 31. Les épreuves écrites préliminaires portent sur les matières enseignées dans les écoles régimentaires du train des équipages militaires. Elles ont lieu immédiatement après celles de l'artillerie, dans les mêmes centres et sous la surveillance des mêmes officiers.

Ces épreuves comprennent

1º Une dictée (la ponctuation ne sera pas dictée aux candidats) ;

2º Une composition française ;

3º Une composition d'histoire et de géographie ;

4º Une composition d'arithmétique ;

5º Une composition de géométrie et de topographie.

Art. 32. Toute note, pour la dictée, inférieure à 14, détermine à elle seule l'exclusion qui atteint également tout candidat convaincu de fraude.

Les candidats qui ont obtenu, à la suite de ces épreuves, une moyenne correspondant à la note 13, reçoivent du Ministre un certificat d'instruction générale qui les dispense de subir les mêmes épreuves à l'avenir s'il y a lieu.

Art. 33. Les épreuves d'instruction professionnelle théorique et pratique portent sur les matières indiquées dans les bases générales de l'instruction du train des équipages militaires comme faisant partie des programmes des pelotons d'instruction n°s 1 et 2. (Règlement approuvé le 21 juillet 1883) (1).

Le résultat de ces épreuves est traduit par deux notes, s'appliquant :

L'une aux manœuvres, avec le coefficient......... 14 ⎫
L'autre aux divers règlements, avec le coefficient... 6 ⎭ 20.

Art. 34. Les épreuves d'instruction professionnelle sont subies en présence de la Commission d'officiers supérieurs d'artillerie, désignée à l'article 17 de la présente instruction. Elles ont lieu dans les centres indiqués à l'article 19. immédiatement après celle des candidats de la division de l'artillerie.

DISPOSITIONS SPÉCIALES AUX SOUS-OFFICIERS DÉTACHÉS AU TONKIN
ET DANS L'ANNAM.

Les dispositions de la présente instruction sont applicables dans leur ensemble aux sous-officiers appartenant à des corps ou fractions de corps détachés au Tonkin et dans l'Annam.

Les épreuves écrites d'instruction générale ont lieu, pour chacune des divisions de l'Ecole, dans les mêmes conditions qu'en France, sur des sujets analogues, donnés par M. le général commandant la division d'occupation. Elles sont jugées par une commission locale de correcteurs, unique pour toute la division.

---

(1) Les candidats étrangers au train des équipages militaires seront examinés sur les matières correspondantes de leur arme :

Artillerie et génie. — Mêmes matières que pour les candidats aux divisions de l'artillerie et du génie.

Cavalerie. — Matières indiquées dans l'article IV des bases de l'instruction du règlement du 30 mai 1882.

De même, les épreuves d'instruction professionnelle ont lieu devant une commission nommée par l'officier général précité, et se rapprochant, autant que possible, de la composition de la commission qui opère en France.

Le Ministre fait connaître, chaque année, le nombre minimum de points nécessaires pour être admis. Les candidats qui ont obtenu un nombre de points égal ou supérieur à ce chiffre, sont envoyés en France pour suivre les cours de l'Ecole. Ceux d'entre eux dont l'instruction générale serait, postérieurement à leur entrée à cette Ecole, reconnue trop faible, pourraient, sur la proposition du conseil d'instruction de l'établissement, être reversés, avec leur ancien grade, dans un corps de leur arme stationné en France ou en Algérie.

ABROGATION DES DISPOSITIONS ANTÉRIEURES.

La présente instruction annule et remplace celles du 1er avril et du 18 juin 1884. Elle sera applicable au concours d'admission à l'Ecole de Versailles, qui aura lieu au commencement de l'année 1887.

Toutefois, pour ce concours, il ne sera pas donné de composition de trigonométrie aux candidats des divisions de l'artillerie et du génie ; la composition de dessin linéaire ne comprendra pas d'épure de géométrie descriptive.

Quant à la composition de topographie de ces candidats, elle se fera à la suite de la dictée. Elle durera deux heures.

Le Ministre de la Guerre,

Signé : Gal BOULANGER.